Seid fröhlich in Hoffnung, geduldig in Trübsal,
beharrlich im Gebet.

Römer 12,12

Man darf alles, alles vor Gott bringen.

Jochen Klepper

Beten ist ein Herzensgespräch mit Gott
in der Gewissheit, dass er uns liebt.

Teresa von Avila

Gebet ist das Atemholen der Seele.

John Henry Newman

Das Gebet ändert nicht Gott,
sondern den Betenden.

Søren Aabye Kierkegaard

Mit dem Herzen müssen wir beten.

Augustinus Aurelius

Fürbitten heißt:
jemandem einen Engel senden.

Martin Luther

Fotolia/Jenny Sturm

Herr, ich preise dich

Herr, ich preise dich,
du bist der Morgen und der Abend,
der Anfang und das Ende der Zeit.
Dir danke ich für die Ruhe der Nacht
und das Licht eines neuen Tages.
Leib und Seele sind dein,
von dir ist alles, was geschieht.

Herr Jesus Christus, du Licht der Welt,
du bist der Weg, den ich heute gehe,
du bist die Wahrheit, die mich leitet,
du bist das Leben, das ich finde.

Gib mir deine Liebe,
dass ich dich wiederfinde in den Menschen.
Gib mir Geduld und Gelassenheit
und bewahre mich in deiner Liebe.

Fotolia/AXTEM

Am Morgen

Am Morgen dieses neuen Tages erhebe ich,
o Gott, mein Herz und meine Seele zu dir.
Ich will dir danken für alle deine Gaben
und Wohltaten, die du mir täglich,
ja stündlich schenkst.
Dir will ich mich ganz überlassen.
Handle an mir, so wie es dir gefällt.

Gott voll Güte

Gott voll Güte und Erbarmen. In deinem
Namen will ich nun mein Tagwerk beginnen.
Alles dir zu Ehre und dir zuliebe.
Nichts ist selbstverständlich.
Alles ist ein Geschenk deiner Güte.
Mach mein Herz dankbar.
Segne mich und die Meinen. Segne unseren
Lebensgang. All unser Tun und Lassen
sei ein Lobgesang.

Fotolia/tomeyk

Gott, du Schöpfer

Gott, du Schöpfer meines Lebens
und Spender aller guten Gaben.
Im Vertrauen auf deinen Schutz und Beistand
beginne ich zuversichtlich diesen Tag.
Führe du ihn zu einem guten Ende.
Segne mich und meine Lieben.

Ein neuer Tag

Ein neuer Tag beginnt, und wir brauchen dazu
neue Kraft von dir, o Herr, um ihn gut
bestehen zu können. Hilf uns,
dass wir Liebe haben zu allen Menschen.
Gib, dass wir uns nicht über andere erheben,
niemandem Böses mit Bösem vergelten,
sondern einander helfen,
die Last des Lebens zu tragen.
Lass uns auf das Gute bedacht sein
und soviel es an uns liegt, Frieden halten
mit allen Menschen. Hilf uns,
das Böse zu überwinden durch das Gute.

In Freude lasst uns loben
an diesem neuen Tag,
Gott, der uns alln wird helfen,
mag kommen, was auch mag.
Er ist voll Gnad und Güte,
voll Fried und Freundlichkeit.
Er steht zu uns in Treue
durch alle Ewigkeit.

Wir bitten voll Vertrauen,
um göttliches Verzeihn.
In deinem groß Erbarmen
lass Schuld vergeben sein.
Begleit all unsere Schritte,
die wir nun heute gehn.
Bleib du uns allen nahe;
lass uns dein Wort verstehn.

In Freude lasst uns danken,
dir Gott, dem höchsten Gut;
der unter uns auch heute
noch große Dinge tut.
Erfrische Geist und Leben,
Glaub, Fried und unsre Lieb.
Auch neue, tiefe Freude
uns täglich immer gib.

Fotolia/tawatchai1990

Fotolia/Eskuba

Bleibe bei uns

Bleibe bei uns, Herr, denn es will Abend werden,
und der Tag hat sich geneigt.
Bleibe bei uns und bei allen Menschen.
Bleibe bei uns am Abend des Tages,
am Abend des Lebens, am Abend der Welt.
Bleibe bei uns mit deiner Gnade und Güte,
mit deinem Trost und Segen.
Bleibe bei uns, wenn über uns kommt
die Nacht der Trübsal und Angst,
die Nacht des Zweifels und der Anfechtung,
die Nacht des bitteren Todes.
Bleibe bei uns und bei allen deinen Kindern
in Zeit und Ewigkeit.

In deine Hände

In deine Hände befehlen wir unseren Geist.
Du hast uns erlöst, Herr, du treuer Gott.
Bewahre uns in dieser Nacht; beschirme uns
unter dem Schatten deiner Flügel.
Gepriesen sei, der da war und der da ist
und der da kommt.

Pixello/Tom2859

Jesus Christus

Auch an diesem Tag warst du bei mir
und mit mir. Ich übergebe diesen Tag
mit all seinen Mühen, Plagen, Ängsten und
Nöten deiner überreichen Barmherzigkeit.
Du ermutigst mich dazu:
„Kommt alle zu mir, die ihr mühselig
und beladen seid, ich will euch aufrichten."
Ich danke dir und bitte dich:
Schenk mir und meinen Lieben
einen ruhigen Schlaf.

Du bist der gute Hirte

Herr Jesus Christus,
du bist der gute Hirte meines Lebens.
Zu dir komme ich am Ende dieses Tages.
Ich lege ihn mit allem, was er mir brachte,
in deine Hände. Ich danke dir, denn du hast
mich gut durch diesen Tag geleitet.
Ja, danken will ich dir von ganzem Herzen,
denn in jedem Augenblick
umfängt mich deine Barmherzigkeit.

Pixelio/Andreas Hermsdorf

Erhabener, ewiger Gott

Erhabener, ewiger Gott.
Am Abend dieses Tages
bitte ich dich um eine gute Nacht
für alle meine Lieben und für mich.

Doch nicht bloß für uns bitte ich dich,
sondern auch für alle Suchenden und Irrenden,
für alle, die leiden und Schmerzen haben,
für die Kranken,
die Einsamen und Verlassenen,
die Hoffnungslosen, Verzagten
und Verzweifelten, die Armen
und die Ausgestoßenen,
für die, die auf der Flucht sind,
für alle, die keinen Ausweg mehr sehen.

Steh all ihnen bei mit deiner Hilfe
und mit deinem Trost:
Verlass sie nicht
und schenke auch ihnen
eine gute Nacht.

Fotolia/Zwiebackesser

Die Nacht bricht herein.
So kommen wir zu dir, o Gott, und bitten dich:
Bewahre uns in dieser Nacht vor allem Bösen.
Lass uns in deinem Frieden ruhen.
Deine Engel mögen bei uns wohnen und
uns im Frieden bewahren.
Dein Segen sei über uns allezeit.